Poesie-Quadriga Nº 10

POESIE-QUADRIGA

N° 10

Margrit Brunner

Isabelle Schaub

Brigitte Tobler

Joscha Zmarzlik

Edition Isele

ISBN 978-3-86142-655-4

www.klausisele.de

Druck: BoD, Norderstedt

Inhalt

Isabelle Schaub · Sammelbecken für Licht
7

Brigitte Tobler · vor der leinwand
35

Margrit Brunner · diese drei zeilen
79

Joscha Zmarzlik · Genua – Rom – Berlin –
Dresden – Köln
111

Isabelle Schaub

Sammelbecken für Licht

Auf die Reihe bringen

Auf die Reihe bringen,
was auf die Reihe gehört,
fallen lassen,
was nicht mehr zählt.

Doppelt unterstreichen:
Ich SOLL HABEN:
Das Glück an meiner Seite.

Intuition

Auf Engelweise
besuche ich dich,
lautarm
wie alles, was aus
der Mitte kommt.

Du vernimmst mich nur,
wenn dein Atem
mich zu dir führt.

Ich spreche nicht mit Worten.
Hörst du Stimmen,
dann bin ich es nicht.
Aber achte auf alles,
was deine Sinne berührt.

Ich schicke dir Bilder,
Geräusch und Geruch,
ich streife dein Herz
und mache dich ruhig.
Ich warte auf dich.

Ich unter Grün

Ich unter Grün,
das du kennst, und
die Sonne scheint mir
ihr sinkendes Rot zu.

Kein Laub liegt schon.
Alles noch einmal
verschworen
zur vollen Pracht.

Wenigen Blättern erst
gibt der Herbst
seine Farben in die Spitzen.

Mir unter Grün ahnt:
Bald wird die fallende Wärme
sie ganz verwandeln
und der Wind sie sich holen.

Klaglos entlässt der Baum
dann sein Glanzstück.
Heftig im Schmerz
geht der Mensch voneinander.

Mich unter Grün
ergreift leise die
Leichtheit des Baums.

Immer schon

Immer schon
war immer zuerst
die Antwort.

Immer noch
sucht immer zuerst
der Mensch die Frage.

In eigener Sache

Warum
sag
warum hast du
sag
warum hast du mich
dichten gelehrt
sag

und mir diesen
Floh ins Ohr gesetzt

dass auf ewig
das Glück
mit dem Wort
verbunden sei
auf ewig

Jeder gelungene Satz
eine Heiligenstätte
und ich kann nicht lassen
danach zu greifen

Fukushima I

Tagelang suche ich
Worte des Trostes;
sie wollen nicht kommen,
Japan.
An anderer Stelle sagte ich,
Lyrik entsteht, wenn sich etwas ereignet hat,
das mir die Sprache verschlägt.
Nicht einmal dies will gelingen.

Ich senke die Worte
vor deinem Leid.

Fukushima II

Dein Beben hat
der Welt einen
neuen Lauf gegeben.

Nicht nur die Achse
der Erdrotation
ist beträchtlich
verschoben.

Hier

Hier
das ist die Mitte
hier ist keine Seite
mehr als die andere
hier gibt es nicht
das Reine und nicht Mangel
nur das Ganze
hier wohnen der Mond und die Sonne
bau dir ein Nest Vogel
hier

Nach der Teilnahme an einem Sprachwettbewerb

Ihr Worte verzeiht,
dass ich euch
zur Schlachtbank geführt.
Niemals mehr sollen
Augen Ohren Hände
euch nackt befühlen
ohne dass sie euch lieben.

Kommt unter mein Dach.
Ich schütze euch.

Poem No 101

Nichts
von dem, was ich tue,
geschieht ohne euch.
Erst
zusammen bin ich ein
Ganzes.

Fleurs du bien

Keiner kennt sein Ende,
niemand weiß,
was ihm blüht.

Aber jeder kann
seinen Garten bestellen.

Ich säe beizeiten:
Wegwarte, Engelwurz, Wohlverleih und
Vergissmeinnicht.

Totentanz

Wenn jetzt der Tod käme
und drückte mir eine Wunschliste in die Hand
und sagte:
Du hast noch ein paar Lieder frei,

ich wollte als erstes Joe Cocker hören,
wie er sein Herz aus der Stimme rudert
mit diesen Armen
in Woodstock, my friends.
Dies zuerst.

Dann müssten mir die Engel
Oum Kalsoum bringen,
ihre Stimme über den Dächern
von Kairo,
die mir singt, dass ich weiß
und dass es schmerzt
zu lieben, Habibi.

Es müsste Jaques Brel klagen
von dem, der noch bleibt,
wenn der andere geht.
»La pendule, qui dit oui, qui dit non
et qui nous attend.«

Ich wollte das Meer rauschen hören
in der Stimme von Otis Redding
»on the Dock of the Bay«.

Fabrizio versenkte nochmals meine Tränen
im Brunnen, Andrea.

Mit Dir, Janis Joplin, würde ich abermals zur
kalifornischen Sonne fahren und
Bobby McGee verlieren.

Joan Armatrading stempelte mir ein letztes Mal ihr
»Me-myself-I« unter die Haut.

Lou Reed und John Cale setzten mich
in »my proper place«.

Mit Van Morrison fände ich mich
»down in Venice
in a harbour, in a harbour«.

Und Johnny Cash ?
Er ließe wieder das Mutterherz bluten
für Billy Joe.
»Don't take your guns to town, son,
leave your guns at home, Bill.«

»Seconda stella a destra e poi diritto«
würde Bennato mich leiten.

Dylan liesse mich wissen:
»that it's all over now«
»I see my life come shining«
»I shall be released«
»May God bless and keep you always«.
Ja, so in etwa.

Und dann ?
Keine Klassik?
Ich weiß nicht.

Das »Largo« von Händel vielleicht,
Freund Beethoven?

Aber es soll keine Wucht sein am Schluss!
Nur ein Ton, nur einer.
House und Trance wären nicht übel.
Da gleitet sich's so leicht.
Vielleicht aber doch der
Ali Abdelassar vo el Hama.
Er gäbe mir das Lachen wieder
mit seinem Pyjama.
So wäre es gut.

Totentanz II

Gevatter, geh lass mich
ein wenig plaudern mit Dir!

Damals
am Anfang,
als Du zum Eintritt
die Bordkarte reichtest,
da wusste ich noch, dass
es ein Ticket mit Rückfahrt ist.
Für DIESE Reise, hattest Du gesagt
und mir Glück gewünscht.

Dann hat das Leben sich mir
um die Ohren geschlagen,
gnädig und gnadenlos,
und ich hab alles vergessen.

Jetzt nähere ich mich
der Erinnerung.

Angst habe ich nicht vor Dir, Gevatter.
Vor DIR nicht.
Aber Respekt vor dem,
was VOR Dir kommt.
Oder was zu Dir führt.

Kann man Dich denn
nur über Schmerzen erreichen?
Ich würde so gerne
ein Wörtchen mitreden,
so wegen dem Zeitpunkt und so …

Du, wenn Du dann kommst
und meinem Leben
die Krone aufsetzt,
mir den Mantel abnimmst
– überaus höflich,
das denke ich schon –
und mein Selbst
zum Tanz aufbittest,

mir mein Ego abstreifst,
diese Zicke mit ihrem Klimbim,
Du, wenn Du dann kommst,
lass meine Schritte
heiter in Deine fließen.

Stuttgart im Herbst

Uns Bäumen
sind heute
im Namen des Fortschritts,
des verkehrstechnischen Interesses und
des rechtsstaatlichen Raumes
die Äste gebunden,
die Wurzeln entzogen und
das Haupt abgeschlagen
worden.

Wir klagen mit Euch,
gedenken des Auges,
das Ihr uns geopfert
und wissen:
Es geschieht immer im Herbst,
dass Deutschland sich verändert.

Aus dem Sägemehl
erhebt sich unsere Stimme
und ruft Euch zu:
Vergesst nicht,
die deutsche Seele
ist ein Meister der
Auferstehung.

30.9./1.10.2010

Barfuß

Da in meiner Welt
weitgehend Asphalt
den Boden bedeckt,
bin ich
auf den Gebrauch
von Schuhen
angewiesen.

Meine Sprache ist
die Sohle an den Füssen,
die mich trägt,
so lange,
bis ich mich
barfuss
mitteilen kann.

Rat des Slampoeten

Mach dir nichts vor, Lady,
sowas
liest sich nicht mehr,
gebügelte Satzfalten
ecken an.
Vom Sätzeabstauben
holst du höchstens noch Milben
aber nie einen Hörer.
Sag' bist du vom anderen Stern
oder weißt du denn nicht,
wie man Wörter zersägt?
Hey, Lady,
nimm die Sprache ins Gebet
und
schlag die Worte zu Butter!

Gedanken über einen Rauchstopp

Habe sämtliche Städte
beraucht,
meine Asche verteilt
bereits zu Lebzeiten.
Was will ich mehr?

Sommer

Langsam greift Sonne
zwischen die Rippen
und Zweifel verdunsten
im heißen Blau

Die Vögel Schiffe am Himmel
feiern mit uns
die hochgewachsenen Tage

Jede Zelle
Sammelbecken für Licht

Zeit

Es gibt eine Zeit zu leben und eine Zeit zu schreiben.

Jetzt, wo ich auf so viel Leben schauen kann,
ist es Zeit geworden zu schreiben.
Und wenn dann alles geschrieben ist,
fange ich wieder von vorne an.
Mit dem Leben und mit dem Schreiben.
Mit allem
Immer wieder

Anders

(Auf die Kriegsjahre 2022-2024)

Stumm schreit es
von Bildschirm und Blatt.
Lass uns nicht hängen,
schreib doch,
wir wollen Trost sprechen.

Aber wie soll ich,
wenn alles zerlegt wird,
von Hoffnung berichten?

Schon schleicht sie mir um die Beine,
die Gute und
schlängelt durch
sagbares Leid und
das unsagbare und
das Leid über alle Massen,
hier im Osten und im nahen.

Aber wie soll ich,
wenn Räder sich rückwärts dreh'n
von Ausblick erzählen?

Am besten, du schreibst:
Es war selten anders
und es wird wieder anders.

ISABELLE SCHAUB

1951 in Basel geboren und dort aufgewachsen. Nach dem Abitur und Tätigkeiten im Buchhandel und in einem Behindertenheim studierte sie einige Semester Deutsche Literatur und Geschichte. Danach Ausbildung zur Primar- und Sekundarlehrerin. Sie war 36 Jahre lang als Primarlehrerin im Basler Stadtteil Kleinhüningen tätig.

Die Beschäftigung mit Literatur ist fester Bestandteil ihres Lebens. Sie schrieb für die Schulpolitik, verfasste ein Theaterstück für Kinder und schuf im Rahmen der von Matthyas Jenny etablierten Veranstaltungen »Gegen das Vergessen« Texte über die Basler Autorin Cécile Ines Loos und den Dichter Manfred Gilgien. Zu C. I. Loos organisierte sie einen Abend im »Kleinen Literaturhaus Basel« und eine Ausstellung in der Basler Universitätsbibliothek.

Veröffentlichung von Gedichten in Literaturzeitschriften, Anthologien, in einem Schulbuch für die Oberstufe, mehrfach anlässlich des Basler »Tags der Poesie« und regelmäßig in der »Poesie-Agenda« des Appenzeller orte-Verlags. 2019 erschien ihr erstes Buch »Die Reise des weißen Wals«, ein Roman über das Auftreten eines Wals im Rhein 1966. 2020 folgte »Heimvorteil«, ein zweiteiliger Kriminalroman. Isabelle Schaub schreibt Prosa, vorwiegend Kurzgeschichten, und immer wieder Lyrik. Sie ist Mitglied im Schweizer Schriftstellerverband A*dS, beim Verein »Tag der Poesie« und bei »lokallesenbasel«. Das Coverphoto stammt von Colette Kohler.

Brigitte Tobler

vor der leinwand

sich hinlegen in die nachmittagsstille
wie zum sterben : in die traurigkeit
der fenster der möbel : lange wartest
du auf ihre geschichten sie schweigen –
ihre fläche & form sickert langsam unter
die haut bis du ganz davon überwältigt bist :

du sträubst dich im licht zu ruhen
du wartest auf die andere nacht

entlässt du den freund entlässt du ein leben –

in der hochgehaltenen hand hältst du ein
hölzchen dessen feuer langsam verlöscht
du schiebst ein papier an ränder es fällt
langsam schwebend zu boden / –

mit herz & füßen zwischen tür & angel
so gegenwärtig deckst du den tisch packst
den mantel kein licht im atemlosen raum
nur die ferne kehrt leise zu dir zurück
ein leerer stuhl & tapeten

in der wiederholung : wider die holung
ein schwarzer rand oben unten –

lässt du den blick in die mitte gleiten siehst
du den bettler er wischt die tischfläche blank
öffnet das fenster & im gelben licht lädt er dich
ein mit ihm zu teilen :

er lässt die kieselsteine in deine hände
rinnen die sich darin in brot verwandeln
der strich ist scharf die farbe grell & du
musst hinschauen : erkennen musst du

über dem glastisch die hand darauf eine hand
in der ecke stiefel zugedeckt vom licht –
es kommt von oben von unten von überall :

die dunklen wände stehen zusammen
verschwören sich gegen dich der du gast bist
die du einheimische bist : der an der verschloss
enen türe eine handvoll leben vorenthalten wird –

stumm lädst du den gast zu dir ein der zwischen
hand & tisch lebt dem du das licht zu trinken
gibst bis du von innen leuchtest

in den stoffen hängen töne worte
anbrandender lärm unterscheidbar nur in
den missklängen den harmonien

das zimmer ein kontinent eine gleichung –
ein punkt der sich zur linie erweitert
darauf der tanz das lied der erde –
schönheit vielfalt wunder : ein wahnsinn
der ausdruckskraft : a cry :

aber deine füße sind hart geworden
um haaresbreite die tiefe unter
deinem maßgeschneiderten leben

herausgehoben über die böden
die doppelten die unsichtbaren
ahnungsvoll leer verzichten die
buchstaben auf heimat auf raum –

du bleibst am dunkeln hängen
da wo der strich die grenze macht
umkehr ist der himmelsblick
deine sternweiten tore eine
möglichkeit erwarteter schrift

der tisch der vogel
im schnabel ein pferdekopf

die tasche mit der camera obscura
bögen vom licht gemalt –

der wind verschiebt den stoff
trägt seine muster in die
spiegel einer gegenwelt

dunkles in helles
oberes in unteres
die reinste enge
im augenblick

der dunkle klang der ideen
schwebt noch immer im raum
lässt die stühle tanzen die lieder
von eames glyczy pesce arad wright
rietveld albini nelson castiglione
jalk newsom prouvé van der rohe
yanagi bertoia saarinen stamm
hoffmann tönen zwischen lasziven beinen
aus übereinander gestapelten zeiten
dein cognac im kasten hinter der türe
riecht nach meer

die fortsetzung des ofens im raum –
eine schwangere luft aus hitze & staub

die stunden drehen sich wie föten
reifen heran werden ausgestoßen
zwischen stühle die dich anklagen
& wehklagen bis du ganz mensch
dem licht den einzug gewährst
jenem wackligen weg durch die
offene tür in die freiheit

keramik baumwolle lichtlose
wände aus rändern gestalten
zur mitte eine drehung
um die eigene achse das
leben im kreis

du ziehst deine wünsche
ins helle auf trockenes
terrain ins beständige :
doch im glanz der dunkelheit
spiegelt sich eine fremde
nähe oder missgestalt

oder stille übereinstimmung :

letztlich zweifel

weichgespülte samtpfoten der
weißen katze die krallen versteckt
im flauschigen licht das über die
bettdecke fließt deinen körper
ausmisst du spürst das augenpaar
auf deiner haut & dieser zaghafte wunsch
nach freiheit die ohne verlust nicht
zu haben ist

das licht hat gekleckert
sich ausgeleert über den
alten stühlen in deren polster
dein herz eingenäht ist : seine
kammern hängen sich an
die ränder ergreifen das licht
schlagen den takt in die säume –

der raum stilisiert seinen eigenen
atem

niemand da : schau dich um
dein spiegelbild oder ein
anderer bühnenrand –

übereinandergestapeltes
obskures zwischen den
wänden ein utopisches
blau haucht ein rot zwischen
polster & holz ins sitzleder
in die tücher in den echoraum –

beginnende leere
oder vergossenes blut :
denkraum hohlraum höhle

du schaust im text nach :
unverändertes –
(ionescus stühle)

himmelbett oder wiege das häubchen
staub auf dem kissen dahinter der mit
kleidern verhangene stuhl –

die kleinen kümmernisse des alltags
nisten noch in den ecken ein kleiner
rest kniet noch auf der bettdecke
lässt nicht locker : –
das glück kann nie vollkommen sein

aber du hast dich längst im auge
des freundes eingemietet

die gestalt umwirbt das licht
sammelt vom leise plätschernden lärm
der stadt eine mögliche zuversicht
oder wahrheit –

zwischen zusammengerückten
möbeln die klammer & sprachlos
eine welt die auch die dunkle seite
des raums umschließt

der mantel des bauern liegt
ausgebreitet auf der weiten
decke der welt : er sammelt & ruht
die ordnung der dinge gleicht
dem tisch mit brot & wein

aber die stille ist tief
wie dein hunger nach
leben die verwaschenen
felle genügen nicht mehr

es ist als ob die vögel mit ihren
flügeln die zeit verschieben ganz
klein ducken sich die häuser

die form schmiegt sich ins gesicht
der alten steine deren augen sich
in einen lichthellen himmel bohren
eine potemkinsche ahnung oder
das bild einer erinnerung

wenn du das brett anhebst aufhebst
klettern asseln würmer ameisen
über die kühle erde ins licht wo vögel
lauern : kleine blutige spuren
befeuern ihren hunger –
wie zerfletterte seiten eines buches
bewahrt das licht seine gestalten
aus der vergangenheit : dunkle heere
oder zeugen von anfängen blaue
wasser spiegeln sie in unsere
beinahe blind gewordenen augen

sie haben das licht angezogen
hüpfen im schattenfrack über
den strand ziehen die flügelchen
als schleier hinter sich her –

die verborgenen häuser mit
schwankenden balkonen &
knarrendem wind bei der himmels
leiter : & stehen bereit –

sie aber trauen der eigenen kraft

noch lange vor dem krieg* gemalt
kornkammer unter mäanderndem blau
es übergießt zum trost die fenster
der städtischen häuser der schatten sucht
sich nischen die du nicht sehen willst –

sie liegen auf der lauer geblendet vom
licht ziehen das weiß zu den gräsern
darin du deinen schlaf verborgen hältst

*ukraine

du siehst die lebewesen
sie bereisen ihre ozeane
der gärten : die luft ist mild &
trägt das blau bis unter die erde
bis zu den häusern am wald

in der garette sammelt sich die zeit
rinnt durch die jahrhunderte in
deine erinnerungen : du bist
die fragile fracht –

wie ausgeleert in einer
tiefblauen pfütze geborgen

mit großen schritten aus
mäanderndem dunkel –

du hörst den schatten
sich in durchsichtig leichtes
blau verwandeln : ein hauch
auf der wange rauschendes
nichts

zieh die schuhe aus der boden
darauf du stehst ist heilig (exodus 3,5)

in der lichtschaukel die wärme
bist du mein so bin ich dein
setze den fuß ins weite &
meine grenzenlose liebe ins helle

du tanzt bist das bild die farben
bist die ansicht das helle & grünende
schritte alles hast du dem dunkel
abgerungen : auf dem sockel schwebt
kein monument nur ein licht
das sein geheimnis lüftet –
du ahnst es mehr als du es weißt
& bist gewiss oder stark wie glück

& mitten im bild gesichter
sie treten heraus ins licht
die körper mit rieselnden farben
verhüllt sonnenhell wie früchte
an bäumen :

darunter ihre alabasterne haut
eine trophäe vielleicht ihres traums
der unsterblichkeit

vergesst den traum –

der raum ist schwer & mächtig

& – siehst du mich –
dreh dein gesicht
in die sonne dass ich
deinen schatten erkenne
nur so lieb ich dich ganz
mit haut & haar die hülle
nimmt die farben der welt an
aber du bist *die möglichkeit
meines seins (Kertész; kaddisch)*

das auge zwischen den körpern
eine bewegte hüfte ein tanzschritt
hinein in unbestimmte tiefen des raums
rosa aufgefächerte gesichter : –

an der wand der spiegel der dich
nicht erkennt der scan der dich
nicht liest –
nur der verwischte schatten
der deine bürde trägt

fern die gestalt die du bist
das licht beschwert von der last
der helle –

als du ganz vorne angekommen warst
brannte die zeit tief rot :

du stehst im geliehenen kleid das
die farben bestimmt & der himmel
steigt herab der stein hält dich
fest glänzt im vorbeigehen :

eine unendlichkeit umgibt dich
die richtung ist alle richtungen &
flatterhafte schatten ziehen ein lied
wie vogelsang aus kindertagen

ein standbein ein schwingbein
im klappern & fauchen des regens
er wirft dir seine nassen tücher ins
gesicht :

spring auf geh schnell der regen
ist ein rebell ein spieglein spieglein
im auseinander gefächerten ein giebel
er macht dich kühn bewahrt ein nest
aus trockenheit & wärme

gebeugte straßen knie
fels himmel herbeigezogene
dunkelheit –

du hörst den leisen gesang
der sirenen ahnst hinter den
nebelschleiern den schritt
einer dunklen gestalt –

über den wassern war es wüst
& leer : jetzt : eine helle weite –

du liegst auf der bank am wasser
träumst den traum aller träume :
das heimweh nach der ferne

abseits: rasenflächen wirblige blätter
die farben verändert : der himmel
kommt herunter deckt die luft mit
magenta : der baum fächelt lächelt
beinahe still lüpft er seine wurzeln &
wandert mit dir einen kilometer oder
zwei & wieder zurück / aus der krone
schüttet er dir den regenbogen
hinterher wie skrjabin die töne

abseits : aus der tiefe heraufgeschwemmt
gelbe lampen die das dunkle durchstreifen
die zähen stengel als gitter das den
rückweg versperrt –

du spürst den lichthunger hörst das leise
schmatzen der blätter lässt dich rücklings
fallen –

ganz bedeckt & aufgehoben : beinahe
eingeschüchtert ein bild –
du schaust was der wind daraus macht

im fahlen licht zartgelbe
blüten : dazwischen kleine
himmelszelte zusammen
gefaltete vom stengel gebrochene
mit eifrigen händen drehst du das
karussell deiner wünsche bis tief
in den winter –

fragmente eines geheimen
schmuckes im acker : lieblinge
deines sommers

sie liegen stehen in den
lichtern der jahreszeiten
besingen steine gräser auf
den einsamsten wegen ihre
farben von blühenden gärten
die sie in deine gedanken
streichen :

als säßest du im malvenfarbenen
taxi bewegtest eine alte leinwand –
oder himmelsleiter ins glück einer
anderen wirklichkeit :

hunderte von rosengeburten
auf nordhemisphären in armutserden –

still klettern sie in die räume
in die tiefe einer schattigen
wand im hellen strahl des
duftes schwimmst du mit
ihnen aus den töpfen aus einer
komponierten landschaft hinaus
den meridianen entlang :

& vor der leinwand dein
mitwissender blick : das
wuchernde das starke leben

häuser wie schwebende kästchen
auf wasser gebaut von bäumen gehalten :

du gehst durch sie hindurch sie sind
voller licht & schweigen du sprichst
leise in die blaue luft der ton deiner
stimme fließt in eine abgründige
ferne –

menschheitsleere schatten lang
          & dunkel

das licht des waldes umstellt
die häuser & in schattigen
räumen stellen die rehe
ihr geweih an die bäume
ein dickicht das sie unsichtbar
macht –

du bist gedächtnistreu suchst
im ahnenden das wissen hoch
geladen ein himmel eine landschaft
& an der stille stürzt alles hinauf in
zusehends mildere farben

aus den schwarzen fenstern springt
die puppe & zieht den gedankenstrom
hinter sich her –

das haus das die farbe des südens bewahrte
die fenster die eisblumen : du hängst dir die
kristalle um den hals ins haar & weinst
vor kälte unter lichtblauem himmel

mit dem farbton morandi's ergreifst du
die trauer verwahrst sie im schattigen
zimmer bei deinen unsichtbaren trophäen

es sind die meridiane die du streifst
von kopf bis fuß rund um die kugel
ein kosmos bis in die winkel der zellen
bis in die hände durchbraust :

ganz aus dem hintergrund hervor
berühren : denken : leben : & im kleinsten
noch die größe spüren den strich
auf dem papier die zärtliche
geste der hand umstellt von einer
dunklen *weltigkeit*

BRIGITTE TOBLER

Geboren 1951 in Zürich, lebt als Schriftstellerin in Basel. Zahlreiche Buchveröffentlichungen.

Margrit Brunner

diese drei zeilen

drei zeilen

5-7-5 Silben*

ein atemzug

ein blitz der erkenntnis (1)

ein auge für den augenblick (2)

ein zielwurf (3)

ein moment des inne-werdens (4)

der raum zwischen den gedanken (5)

news that stays news (6)

der name: haiku

»und wer sich mal mit dem haiku eingelassen hat,
kann ihm kaum mehr entrinnen.« (7)

* Die Silbenzahl musss nicht zwingend eingehalten werden. In der Regel sind es in ihrer modernen westlichen Form zwischen 10 -17 Silben.

Zitate: 1: Michael Groissmeier, 2: Margrit Brunner, 3: Dieter Krusche, 4: Horst Hammitsch, 5: Allen Ginsberg, 6: Ezra Pound, 7: Werner Bucher

natur und jahreszeiten

oder mein wind weint nicht

der frühling liebt uns
im sommer sind wir vögel
der herbst er wartet

der himmel zeigt viel
nackte haut und zuversicht
wir werden frühling

denke mir welten
mit frühlingsblauen wiesen
als wundergaben

sonnenstrahlen auf
der haut sie singen das lied
das wir jetzt brauchen

ich jauchze mit den
blumen am ersten tag im
mai: die welt beginnt

mit dem wind bin ich
nicht allein nicht verloren
wir – ein paar das tanzt

meine jahreszeit
der berg die stadt der fluss der
steinbruch meiner hand

ein luftzug erwacht
findet fragen und hände
unsere wege

wir zählen nicht die
regentropfen wir zählen
ihre wünsche

gras grünt im kopf in
den händen im himmel ich
passe mich da ein

widerspreche nie
den wolken sie wissen was
sonnen nicht kennen

ich webe stunden
zu grünen regentropfen
zu einer insel

atme atme wie
der stein das meer der mond wie
deine augen – atme

gipfel hüpfen vor
mir her nur als wind kann ich
sie fassen vielleicht

der hauch der sonne
ein flügelschlag der wolken
und ich mittendrin

sag ja sommer sag
ja zu jeder silbe be-
denke auch ihr nein

ich bin aus wind und
einem tropfen licht so schwer
wie nichts – wie alles

sitze hinter dem
hintersten regentropfen
ein buch als aussicht

so leicht wie luft wie
schneeflocken wie das blau in
meinen gedanken

winter dein atem
ist kalt wird er warm und hell
ändert das alles

auch unter dem schnee
ist mein herz purpurrot ein
frühlingsbote ja

lächle wie ein tag
im jänner hülle mich in
feurigen nebel

der berg trägt noch ne
weiße mütze ich schon das
herz einer blume

die winde streichen
ihre segel sie wissen
nicht wohin mit uns

ich kenne dich ja
april – deine launen und
großen versprechen

wenn sterne dich seh'n
lache weine und singe dem
meer im mondlicht gleich

die leichtigkeit des
winds der tanz der wege in
meine leichtigkeit

manchmal ja manchmal
wandert ein mond zu mir bringt
mir ein weißes blatt

die sonne greift mir
unter die arme heute
und ich ihr auch

solang mein herz rot
die steine mit mir singen
der raum sich bewegt

tag sei mein frühling
mein sommer mein herbst mein land
alles – sei mein freund

blumen blühen auch
der wiese zuliebe sie
lehren uns freundschaft

braucht der see den fluss
braucht der fluss den see ich brauch
alles jeden tag

quellen ein roter
himmel im fluss ein windstoß
so schöpf' ich welten

von tagen und händen

oder jede antwort sucht ihre frage

unsre tage sind
flüchtige erscheinungen
bunt und fremd – wie wir

auch dieser tag mein
raum mein tanz mein ritt über
den bodensee

ein tag wie wolken
wie tröstende fragen wie
ein großes portal

denk den anfang denk
ihn weiter bis zum ende
bis zu deinem land

der tag setzt sich an
meinen tisch nimmt meine hand
lächelt hört mir zu

worte sind eine
form von tanzen ja lieben
bis über den rand

hände große und
kleine verbinden tage
und menschen – die welt

weiß ist hoffnung ist
komplikation ist ein
suchender engel

wenn eine tür sich
öffnet goldnes licht uns sucht
wo bist du fremde

der tag schlägt wellen
schlägt wunden holt wunder tägt
alle fort und heim

ein neuer tag ein
gast mit vollen händen wir
reden vom werden

unsere tage
rastlose vagabunden
sie wandern weiter

wünsche fliegen wie
amseln im warm wehenden
unserer stunden

wenn du aufstehst und
gehst wirf dein purpurnes herz
in den wind – er trägt

den tag verlängern
mit staunen sehnen mit dank
da: welten finden

wo beginnt das blau
zwischen erde und himmel
zwischen dir und mir

auftauchen vom grund
des tags auf stunden reiten
mit blauem pferd

es gibt sie – tage
dunkel und hart es gibt sie
sonnen der nacht

wir durch die gassen
getriebene vom steten sturm
ein loses blatt nur

es ist ein tag es
ist eine nacht es ist das
entfalten immerzu

an einem morgen
sind alle richtungen richtig
geh schon geh weiter

noch ist sand in der
uhr noch wandern die fragen
noch ist es warm

tausend tropfen heut
tausend geschichten unsre
himmel wachsen

wege wie fremde
pilger wandern in uns
betteln und bleiben

hier sind wir greifen
die farben fremder hände
malen sie neu

samstag sei eine
stunde die es nicht vergisst
kein wunder kann mehr

und sprichst du mit mir
bin ich da halte wache
bis zum letzten punkt

wir wissen was geschieht
wir zittern in den nächten
der welt – hoffen doch

du wirst stein um stein
ernten sie können lachen
und fragen stellen

bist du licht ein lied
ein neues wort das mich sucht
am wegesrande

worte wandern gern
des nachts wundern sich was sie
ihnen da erzählt

mehr süden mehr blau
geborgtes licht und stimmen nah
nah: da wachs ich noch

ein wald bin ich fern
und dunkel wenn kein wort
mich findet mehr

wann säst du sterne
wann erfindest du winde
wann baust du dein haus

manchmal das einz'ge
gebet: my love, my baby
mit dunklem refrain

dieser zauber: licht
lächeln warme hand ein lied
und mein großer dank

wolke sieben hat
es nicht eilig sie wartet
auf passagiere

der tag fließt dahin
in weiten bögen: ein fluss
zu weiten meeren

füg einen namen
in den tag ins lachen ins
zweifeln in die luft

ist die welt getrennt
von uns gibt es weder lied
noch wort noch lichtes

nimm das heutige
eigne erforderliche
in deine hände

das du geht zum du
wie das wasser zu steinen
das segel zum wind

montage diese
anfänger helfen träumen
und neu anfangen

auf dem kopf geh ich
wenn es hilft wege zu seh'n
zu und von mir weg

rosen ja feiern
leben lieben und reichen
dornen als geschenk

am schreibtisch spannen
meine hände worte als
segel in den wind

augenblicke nur
sammeln wir im dasein wir
flaneure der zeit

und wenn dich deine
hände nicht finden geh zum
tor und öffne es

verliere nicht die
fragen den anfang die luft
sternenstaub du

in silben nur kann
ich noch reden doch worte
sie warten nicht gern

MARGRIT BRUNNER

Lebt in Glarus (Schweiz), veröffentlicht Lyrik und Wort-Karten seit 1986, Mitbegründerin der »Allyren«, einer Gruppe moderner Lyrikerinnen, Autorin von »wort für wort« und »die liebe ist nicht was ihr denkt«; zahlreiche Veröffentlichungen in Anthologien und Zeitschriften, aktiv an Lesungen und an »Poetry to go«-Anlässen. Mitherausgeberin des Buchs »SchreibArt«, Mitglied des Deutschschweizer P.E.N.

Joscha Zmarzlik

Genua – Rom – Berlin – Dresden – Köln

GENUA

Die Katze I

Als ich die modrig riechenden Treppenstufen
entlang des rissigen Mauerwerks hinunterstieg
und in den schmalen Durchstich von Straße zu Straße bog
sah ich sie liegen dort die Katze
Erst dachte ich sie schliefe
so wie die Katzen schlafen selbstvergessen sonnensatt
dann auf den zweiten Blick bemerkte ich die Steifheit ihrer Glieder
beim Näherkommen trocknes Blut aus Maul und Nasenlöchern
erstarrtes Blecken ihrer Zähne
den Wundkrampf den zum Schluss
die Daguerreotypie des Todes eingefroren

Die Alte in Mongolenkluft
die an der Straße Zeitungen verkauft
bemerkt lakonisch aus fauligen Stummeln
dass jene Katze abends einer angefahren habe
und dann verletzt in diesen engen Durchgang warf
wo sie man hörte sie noch schreien des Nachts verendete
Die Alte sagt's und stapelt dabei Zeitungen zum Turm

Also Du sitzt abends im Auto
sagen wir einem ergonomisch durchdesignten Van
mit grünschimmernder Armaturenpalette
und in das optimierte Surren deines Motors
schlägt das Tier ein dumpf und hart du bremst
scharf steigst aus siehst das Knäuel die Katze
das wimmert und es hat dein Blech verformt ein Weichgeschoss

Der Blutgeruch das Jammern
das Bündel mit der Kinderstimme
bebend auf den crèmefarbenen Veloursitz betten
oder beseitigen durch Genickgriff Wurf ins Dunkle fort

Man weiß
von einem Argonauten der das Vlies schändet
einem Astronauten der im Grünstichlicht der Armaturen
sein Antlitz sieht im Rundsichtglas des Cockpits
und einen neuen Zug entdeckt
aus erdentfernter Kühle und Metall des Alls
von einem Angestellten der Entsorgungswirtschaft
der Städte säubert indem er Schmerzen
aussondert abhaldet liquidiert

Die Katze II
oder BASTA APPARIRE

Im Kino sah ich neulich eine Doku
wo junge Mädchen die ins Fernsehen wollen
brünstige Choreographien
vor Publikum in Shopping Malls vollführen
wie ferngesteuert fern von sich vom Selbst
mit abwesend eingefrorenem Lächeln
das rituell wirkt bieten sie sich an
die Jungfrauen dieser postmodernen Sage
zwischen dem Grauen vorm Nichterscheinen
und ihrem Glauben an den Engel
der sie doch schwängern möge im Container
vor aller Augen niederkommen lassen mit dem eigenen Bild
sodass sie glauben können dass sie existieren

Wenn nun die steifgeblutet fratzenhafte Katze
obszön da vor den Tanzenden auf jener Bühne läge
auf jenen Brettern die die Welt ausbeuten
in dieser Shopping Mall sagen wir vor der etwas Molligen
die ungelenk wie eine Jungkuh ihre Kür vollführt
Wenn dort die tote Katze läge mit versehrtem Körper
so wie der Hase aber ohne Joseph Beuys
als fremdes Opfertier in Vestas Einkaufstempel
wo vorgetanzt wird um erwählt entrückt zu werden
wo Vorgeburt herrscht embryonale Sphäre
wo man gymnastisch rudert der »Entkorkung« wegen
um auf die Welt der Bilder mit dem eigenen Bild
zu kommen für das man den Körper opfert

Die Katzenleiche wär hier viel zu tot viel zu lebendig
in diesem Tanz der Zombies
nicht geboren und nicht sterben könnend
Indianer glaubten sagt man dass die Bilder
die Körper aussaugen HOWGH und AMEN
un cordiale invito al
Leerstandsbewirtschaftungscasting

Patty Pravo feat.
Jaqueline de Prês

Auf der TV-Bühne in Rimini
Revue der Zombies für das Neue Jahr
Gesichter überspannt wie Trommelhäute
die Chirurgie des Glück verschnitten zu Grimassen

Vestalinnen der ewigen Jugend ohne Götter
im Tempeldienst unterm Skalpell
das Zeit aus den Gesichtern schabt
und Lippen aufschäumt fette rote Falter

aus dem Labor frenetisch frohes Flattern
plappernde Vaginas die in Stromkreisen zucken
Orgasmus einer Warenform Gesichtsgarderoben
an denen Körperrequisiten hängen

Vinyl dreht Cello warm in Nervenspitzen
dringt jeder Ton
Jaqueline de Prês tanzt wirbelnde Mänade
mit Holz und Darm und Rosshaar ihren Reigen
aus Bach und Bacchus bis die Parzen
durchschnitten haben werden ihre Nervenstränge
ZU LEBENDIG UM ZU LEBEN
lautet das Urteil und ist bald vollstreckt

TOO DEAD TO DIE
Ballett der Androiden
fettlagernd blökt das Nervengift Prothesenrhythmen
intimentblößter Paarungstanz der Schöpfung
aus Schwämmen Eutern Implantat Metall

Damastene Töne prallen auf den Bildschirm
und strahlen ab durchs Fenster
Böller schlagen und krepieren
Gläser klirren
Der Bildschirm flimmert
Die Sterne schweigen
Das Jahr ist geboren

Forte Sperone

Der Blick schweift weit bis zu den Bergen
am Ufer kauern Industrieanlagen
wo weißer Sandstrand einst Briten entzückte
geballt gezogen gezirkelt gestriegelt
liegt das Reservat Neuer Zeiten

KINDER HAFTEN FÜR IHRE ELTERN
Kräne bebrüten die Container
ausgerollt Straßen und Schienenstränge
auf der Autobahnbrücke quecksilberschnell
pulsieren gleißend Boliden

Geometrisch der Saum der langen Mauer
in das Meer genäht an die Matte des Rollfelds
im Dornröschenschlaf einer Maschine pro Stunde
die Whirlpools Luxus auf der Titanic
der Öltanks hinter dem Hügel

Hundebellen ein Glockenspiel
stoßweis der Wind späte Grillen zirpen
Bleifeld der Sonne auf dem Meer
vor den blauschwarzen Rücken der Berge

Kuppe auf Kuppe Linie auf Linie
Zunge an Zunge wellt sich hinab
Unschärfe zarter Dunst über Hängen
Gipfel schraffiert so wie Seide

Hammerschläge aus dem Tal
Hintergrundrauschen der Autobahn
Tutende Fähren

Das was man hört
ist altmodisches Zeug
Die Container sie schweigen

Forte Diamante

Geschrei Stadiongesänge entfesselt
als die Sonne über Bergen vergeht
und sich ihr Abschied doppelt im Meer
das das Land in den Armen hält
für eine Nacht

Karg windet sich serpentinenschmal
der Pilgerpfad zum Diamantenfort
auf dem HALLELUJA ich KORSIKA sah
die Silhouette sah fern rötlich zart
Schiffssirenen sangen bezaubert betrunken
Mein ERSTES KORSIKA
(Man siehts muss man wissen vielleicht zweimal im Jahr)

Ein kreidiger Zaubermond drüber
im Blau schwamm er
des vergehenden Tages
die Fähren strebten
Na wohin wohl
nach KORSIKA KORSIKA

Auch ein Flieger zog seinen Doppelstrahl
am Mond vorbei Richtung KORSIKA
wildwütiges Gladiatorengebrüll
wie in Rom einst stieg aus dem Stadionsrund
Mir war klar was sie brüllten
KORSIKA KORSIKA

Dann zündet die Stadt ihre Lichter an
Autobahnsphärenklänge schweben empor
und verfliegen sanft gegen KORSIKA

Und als ich mich umseh
ist es nicht mehr da

Rom

Roma TV

Rom Ewige Stadt Regina
lässt mich lahmen
zwischen den ewiggleichen Puppen
aus den Klonkanälen des Clowns
die über Straßen und Bildschirme ebben
wie Schalentiere
Mutter Wölfin verhext
vom Geschwätz und den Bildern
eine Glocke aus Stumpfsinn
über zahllosen Kuppeln
die der gestorbene Gott hinterließ

WEN WOLLEN SIE ELIMINIEREN
plappern die blonden langbeinigen Circen
und lächeln metallisch am Busen der Macht
Ach Pasolini du fehlst und dein heiliger Zorn
der die Händler verjagt aus dem Tempel
der verschwundenen Glühwürmchen
Noch schlafen die Katzen im Tempelbezirk
unter den Pinien des Torre Argentina
um den Tempel Huiusque Diei

Sie schlafen so wohlig verwahrlost
im Gras und auf Treppen auf Simsen
Sie schlafen wo Cäsar verblutet ist
STERILISIERT UND
BITTE NICHT FÜTTERN

Doch wenn die Götter des Pantheon
Götter des verlorenen Himmels
je zurückkehren sollten in neuer Gestalt
und mit erlösenden Blitzen
die Glocke sprengen über der Stadt
werden die Katzen erwachen
und Kätzchen säugen
wird jeder Mensch eine Kuppel tragen
aus Himmel und Sternen als Krone als Maß

Palatin I

Am Palatin ziehen die Pinien ihren Scherenschnitt über die
Kaiserpaläste
Ruinen wo tausend Jahre die Götter wohnten
und ein Zeitalter lang die Herren der Welt
Vier Säulen am Forum blieben dem kinderfressenden Saturn
drei dort dem sonnigen Apollon
und dem Krieger Trajan
blieb seine Säule
er selbst ist verschollen

Neros Koloss ein Abdruck nur
Albdruck Zigtausender in der Arena
die geschlachtet wurden fürs Herrenvolk
Petrus und Paulus im Knast auf dem Forum
Make Love Not War sah der Kaiser nicht ein
Die Christen den Löwen Martyrium Metapher
an der Brücke der Milvischen frisst sie die Macht
und wird heilig das heidnische Römische Reich

Renaissance swingt in Kuppeln OB-LA-DI OB-LA-DA
OB-LA-BA-BA-BA-ROCK frisiert Kirchen dem Herrn
und der größte Pilzkopf unter den Kuppeln
Sergeant Petrus hat heut Hearts-Club-Insuffizienz
flimmert lonely im sinkenden Dämmer des Glaubens
ein versteinertes Schalentier Hülsenfrucht leer
HELP George Stevenson brachte die Kuppeln zum Kochen
und in Kesseln Zylindern Atomspaltbehältern
herrschen Dampf Feuer Strahlen und kein Jüngstes Gericht

So sind Kirchen Kulissen Tempel längst Souvenir
tausendfach rauscht der Verkehr
wo Benito Wulstnacken
mit seinem imperialen Schädel
die Schneise schlug in das Gewachsene
Rutenbündel statt Unterholz
Automobil frisst Geschichte

Tausendfach wird es verbrannt
schwarzes Blut unserer Erde
tausendschön sehen die tanzenden Lichter aus
die nachts durch die Straßen flimmern
Rote und Weiße Blutkörperchen in den Adern der Stadt
fließen und staun sich am Colosseum
Ave Caesar morituri te …

Palatin II

Trauer
mein Herz eine Unterdruckkammer
ein Ascheneimer
ein Staubsaugerbeutel
der verrissene Leib einer Biene
die ihren Stachel gelassen hat
in dir

Trauer
meine Brust ein nasses verknotetes Handtuch
eine verfluchte verschlossene Schale
eine Karte die nicht mehr sticht
ohne dich

Trauer
das Brustbein lahm
eine Prothese aus Holz
ein angeschnallter Knochen
ein totes Nashorn das erlegt wurde
von dir

Trauer
die Stadt ein Scherenschnitt
unter dem Licht das Zitronensaft gießt
über die große Kuppel des Glaubens
die erbaut wurde
für dich

Berlin

Café Berlin

Im Café am Helmholtzplatz
das Land der Säfte mit der Seele suchend
Gemüse und Fruchtsäfte die ganze Palette
auf einer Erdkruste die jederzeit brechen kann
unter einer Sonne die jederzeit verglühen kann
schöne junge Menschen mit weißem Macintosh
stylische Doppelkinderwägen vom Typ »Buggy Safari«
Wellnessoase auf einem kranken Planeten
Fahrradspezialanfertigungen und Bionademomente
eines Morgens verzittern sie im weißen Blitz
der alles Heile tilgt in Wellen auflöst abstrahlt
und nur das Geschundene lässt das Versehrte den Rest
aus Symetriegründen
aus Gründen des Respekts
vor der sterbenden Mutter Erde

Es bleiben
die Penner am Lagerfeuer der Tischtennisplatte
der ausgesetzte Hund vor dem Supermarkt
der am Rande des Bürgersteigs auf seinen Rollstuhl gekauerte Alte
mit dem winzig kleinen Transistorradio
die bis auf die Rippenfalten abgemagerte junge Frau
die sich wie eine sterbende Gazelle unter den Baum legt im Park
und mit zittriger Kinderstimme die Bahnhöfe ihrer Erinnerung abzählt
Eins Zwei Drei Vier

Wenn der Mond aufgeht über den leeren Häusern
ist sie übriggeblieben zählt sie immer noch ab
Eins Zwei Drei Vier
immer wieder
immer noch

Die Fischerin I

am Tag des Festes dort im Schlick von N.
steht eine Fischerin mit guten Händen
und schaut hinaus aufs Meer
vielstimmig branden Wellen
vielsprachig tanzen Möwen
im Wind der weht vom Horizont
und zaust ihr krauses Haar

weiß ist ihr Leib wie Schnee in Ebenen des Ostens
und mit der Kraft der Äcker angetan
ihre Brüste sind Getreidehügel
ihre Schenkel Milchbäume ihr Wald
ist das Vlies aus einer alten Sage
und ihr Felsenrücken glatt und sonnenwarm

die Fischerin steht da am Strand von N.
am Tag des Festes und sie lauscht
der Brandung deren wildes Raunen
sie liebt weil es das Leben hören lässt

sie geht ins Wasser nackt ein früher Morgen
die See trinkt ihre kleine Kuhle unterm Hals
sie schwimmt heraus und sagt nur
komm
der Fisch sagt
gut
und sie umfängt ihn mit den Netzen ihrer Wärme
die von den fernen Lagerfeuern stammt

Die Fischerin II

ich will nicht reden mehr
die Worte hängen spröde
ein Wollumhang über der Blöße Sehnsucht
so wie ich rede treib ich fort im Fluss die Furt
an der die Fischerin lauschte verschwindet
hinter der Biegung meiner Sätze
und die Befindlichkeiten schwärmen aus den Sümpfen
hocken auf mir stricken Alligatorwolle
splissig der Umhang runzelig und hären
ein falscher Baumstamm mit Saurierflossen

nachts schwimmt die Fischerin im Fluss
das weiße Schimmern ihres Leibes
ist der Mond der Fische

wenn du nicht reden willst so schweige denn
du Held rät mir die Mücke
geschwiegen hab ich lange zwischen trüben Steinen
ich atmete den Tang wartete echolos
jetzt will ich nicht mehr reden nicht mehr schweigen
jetzt will ich den kehligen Gesang des Wassers singen
jetzt will ich Mond und Erde
Wasser Land
süß Salz
...

Die Fischerin III

einsilbig steht die Fischerin
die Wasser gleiten
vorbei am Moos des alten Stammes
wo das Gras schweigt
der Nachtfisch im Geäst
lauscht
und das All vibriert
unmerklich wie Kristall

netzt er der Samt des Windes jene Mulde
die zwischen salzschimmernden Hügeln taut
und kühlt der dunkle Strom die Wälder
über den Rindenlippen auf dem Grund

mein Herz hat Kiemen Schuppen
harrt zur Nacht
unter dem Mond aus Kalk
in seiner Gabelung

das schwarze Gurgeln
das stete Schweigen
das stille Atmen
der kehlige Fluss

Schöneberg

Bald treffen die Parallelen
dämmernd sich im Zwielichtstaub
Vogelschwärme streuen Seelen
übern Himmel so wie Laub

das sich kahle Bäume denken
Hirngespinst auf Dämmerschirm
ist ein Heben ist ein Senken
ist ein Wirbeltanz an Zwirn

Mondoval in Eiseshelle
geht wie über Taiga auf
an den Gleisen Ginsterstelle
struppiger Endmoränenlauf

Seltsam ragt das Gasometer
in dem Kreidelicht Stillleben
Raumstation Radar im Äther
Industrie-Stahl-Gotik-Streben

Äste flechten ihre Netze
in den Himmel schwarze Adern
Bildschirme sind Geisterplätze
wo Lemuren zucken hadern

Gehwegschotterkontinente
tragen Tannen mit der Drift
fort als ob man sie nicht kennte
Weihnachten wird ausgeschifft

Auf Busse warten Gestalten
so als ob sie niemals kämen
Züge auf den Trassen halten
so als ob sie uns mitnähmen

Ohne Obdach harrt in Fetzen
ein Mann stumm über der Schneise
lässt die Dunkelheit einsetzen
senkt die Nacht über die Gleise

Kreuzberg

Das Tuch aus Schnee
das löscht den Durst der Stadt
nach Trost für eine kurze Weile
und an der Brücke kreuzen Schwäne glatt
in Flottenstärke Adel ohne Eile

Ihre Bedeckung
Enten zweier Sorten
die's junge Eis entlang die Flanken halten
Die Hausfassaden tragen weiße Borten
und träumen von der Jugend Stil dem alten

Der Himmel ist
wie eine Taiga die
Gestöber sammelt in den Schößen
Die Stadt scheint stille eine Melodie
aus Winterlicht zu singen wie auf Flößen

gleitet der Tag
durch die Cafés und Straßen
Auf dem Damm ziehen U-Bahnen entlang
in denen einst die Urgroßväter saßen
auf Holz mit Minna Kinder mittenmang

Die roten Ziegel
dämmern in den Abend
der aus dem Tee Arabiens gebraut
Salam Aleikum und Habibi sagend
hat sich die Nacht ihm angetraut

Dresden

Umzug

Kisten im letzten Moment gepackt
aus Angst vor der zähflüssigen Zeit
die von den alten Papieren tropft
wie ledern gewordener Honig

Die Nacht durchgeräumt wie in Trance
wer räumt all die Jahre auf
die eingestaubt sind
Stilleben Nature Morte Warten auf Zeit

Wo hab ich gewohnt
doch nicht in den Räumen
wo man mich antraf und doch nicht
wo ich mich aufhielt und doch nicht
die ich verließ und doch nicht

Jetzt bin ich hier schau herab auf die Straße
hinter den Pappeln ahnst du den Zug
und die Zeile der Häuser liest sich verschieden
blätternd mal mal haltbar gemacht
für den Tastenden der seinen Einzug hält

Hochwasser oder Planet Lear

Königlicher Planet mit den Kronen aus Eis
Deine Regentschaft ist am Ende
Du bist grau geworden
die Tage Deiner Würde sind gezählt
Streif Deinen Himmel ab
übergib uns Deine Kronen
Wir schmelzen sie ein
wir zahlen uns aus

Nimm den Bettelstab Du Wasserkopf
Du schwitzender Narrenschädel
im Ausdunst unseres Feuers
Deine Zungen lassen wir verdorren
Deine Haare roden wir aus
Dein blaues Blut soll Dein Fleisch ertränken
Deine Säfte stinken schon Väterchen
Dein luftiger Pelz ist löchrig
dass die böse Sonne Dir das Fell gerbt

Was weinst du Alter um vergangene Zeiten
torkel weiter während wir in Deinen Falten nisten
uns ausbrütend und Dein Reich aufteilend
Egeln gleich in ungeheurer Zahl
bis unser Wimmeln Dich glatt geschmirgelt
bis unser Saugen Dich blind gesoffen hat
ineinander verkrallt aneinander erstickt
unser Todeskampf Dir Ruhe verheißt
und neue Jugend

Bibliothek

Am Schattenriss unter dem Sonnensegel
des Lesesaals vertropft die Zeit
geronnenes Wachs die Bücher ticken
in sich gekehrte Rücken handgriffsbreit

Der Wüstenfuchs verbissene Brusthöhle
Herzkranzgefäße liegen unvertäut
hört auf den feindlich lieben Namen
Die Bücher ticken
Die Wunde blutet ungereut

Tschernobyl/Dresden – ein Jahrestag

Blecherne Schlangen im Kriechgang
und aasig die Luft
Soundsovielter April
unterm KFZ starb grad ein Mensch

Zwischen Klötzen und reimplantiertem Barock
Individualverkehr vollzählig angetreten
Mars macht mobil
Invasion des äußerst Irdischen

Unwirklich liegt die Stadt
am Fluss
Luftschlosskulissen
die an den Dampfern vorbeigezogen werden

Wenn wir hinausgehen zu den Ufern
riecht es nach Wasser und nicht mehr nach Aasen
Ach wir Glücklichen
Stau an der Elbe
unten am Dnejpr
riecht man ES nicht
Jahrestage nicht gegen den Wind
zählt man die Toten nicht
die ES gemacht

Blaue Fabrik

An den sanften Duft der Schokolade
erinnern sich die Baracken gern
und das Auge sucht das Zelt des Stammes
der den Bleichgesichtern aus der Wäscherei entkam

Stimmen schallen nachts unter der Hebebühne
in dem aufgerissnen Haus spielt einer tags Klavier
und das Ofenherz im Schuppen ist ein Allesfresser
das die Wärme in den stillen Saal der Bilder pumpt

Wie ein Findling hockt der Jüngling aus den Bergen an der Heizung
Duchamps Fahrrad hält die Frau die Laute formt
auf dem Speicher klirren des Häuptlings Elektroden
und die blasse Fee durchtanzt den freien Raum

Unten malt Sir Effing mit der Gummimaske
oben putzen die Brigaden das Theater blank
Freejazzfetzen nackte Haut der Improvisationen
Trommelballen fallen aus den Fenstern in die Nacht

Einem mit 'nem guten Herzen macht es schwer das Leben
eine alte Ostpreußin ruft Ordnung im Indianerland
ein vergangenes Hochwasser lädt zu Kahnfahrten
zwischen sieben Sachen überm Brombeergrund

In den Sommern wehen kühn Milchstraßen
über Pizzaschachteln und des Abends Asche
hochbeflaggt am Baum des Hofes
die Pelmeni munden korkenschwarz bestirnt

'S gibt ein Kind das Xenia heißt und gar nicht fremdelt
Bambus einen Hund aus Fleisch nicht Holz
's gibt ein Abendlichtpastell das hier verblendet
und ein eigenes Gefühl von Stolz

Radikales Ich

(für Hubertus Giebe)

In dem Garten weitläufig bebäumt
steht ein Totem gegossen das träumt
ein barbarisches Erz Gnom im Grünen
und im Blattwerk verrieseln die Dünen
einer Sommernacht Traumwüsteneien
die das bronzene Menschding beschneien

Humvees ziehen in Karawanen
und planieren die Stätten der Ahnen
Androiden-Krieg Selbstexplosionen
unter Himmeln von Aufklärungsdrohnen
Hochgezüchtete Treibhauslemuren
bringen Schöpfungsmotoren auf Touren

Starr das Totem im Bann seiner Bilder
eine schmeichelnde Brise weht milder
als gedacht auf vier Menschen beim Essen
gutes Brot guter Wein reich bemessen
an der Tafel im Auge des Sturm
schreibt sich ein in die Nacht ein Glühwurm
und ist tanzend im Dunkeln versunken
Radikales Ich fliegender Funken

Köln

Schulfeier oder Lob des Rheinischen Kapitalismus

Die Direktorin spricht von neuen Kunden
die man gewinnen müsse pardon requirieren
Die Sogenannten singen *money money money*
auf den speziellen Wunsch des Förderkreises
Mozart raucht fremdelnd in die Raumluft
verzittert vor den Streben des Stahltestbilds

ACH WENIG WIRD BLEIBEN
DIE DORNENVÖGEL DER WINDRÄDER
IM SUD DER SCHMELZWASSER
DIE KINDER UNSERER NÄCHTE ABER
WERDEN UNS FLUCHEN UND DAS
UNWOHNLICHE HAUS VERLASSEN INS ALL

Die Nachbarschule bringt ein Drachenbäumchen
als Zeichen von gesunder Konkurrenz und Morgengabe
Der Bürgermeister lobt Investitionen
in eine Zukunft die er selbst getätigt
Ein Altvorderer huldigt dem beruflich
als des Rheinlandes großen greisen Toten
Enkel Tätigen dem er sozusagen
seit seiner Schulzeit durchaus nahe stehe

ACH WENIG WIRD BLEIBEN
DIE DORNENVÖGEL DER WINDRÄDER
IM SUD DER SCHMELZWASSER
DIE KINDER UNSERER NÄCHTE ABER
WERDEN UNS FLUCHEN UND DAS
UNWOHNLICHE HAUS VERLASSEN INS ALL

Credo Cologne I

Im Kaffeehaus aus Glas am Rhein
die Brücke der Sehnsucht gewölbt
ein festgefrorener Saurier zwischen den Ufern
As time goes by spielt der Schweyk am gestutzten Flügel
und der Mann im durchsichtigen Regencape
auf dem Platz der Ziegel
steht im Regen
und wacht über Geigen unter dem Himmel aus Flanell

Ich glaube an Wunder
an den Schmerz den die Züge in die Ferne tragen
an das Blau des Fleisches
unter den Anzügen aus Wolken und Dunst

Ich glaube an den Turmbau zu Coellen
an das Geäder der Blutbahnen auf deiner Hand
den Mäander des Nachmittags und
das Sonnensystem der Melonenleuchter

Ich glaube an den kleinen Keks auf den Fliesen
das Nomadentum des Reiterstandbilds
und die linkische Frau dort mit Bernsteinkette

Am Nachbartisch sitzt König Lear
mit einer roten Narrenkappe unter der Krone aus Messing
und frühstückt

Es ist 14 Uhr 36
Ich glaube

Credo Cologne II

Zeitverdichtung am Dom alter Geselle
Heine hasste Dich und Deine Heiligen Drei
Könige deren Gebeine er ausstreuen wollte
und Rösser weiden in Deinem Geweid
Heute bist Du übrig allen Flüchen zum Trotz
rußt Du schwarz vor Dich hin unter Himmelsflanell
Steinwald Steinantennen Gotik sucht Gott on air
im geronnenen Trümmerfeld Stadt.

Über meinem Hinterhof
spannt der Bogen in den Farben des Regens
seinen Urzeitrücken
in den Himmel
wo die Wolkenkohlen glühen
Die Häuserreihen sind Sandbänke
die Schornsteine sind Felsennester
die die Abendebbe ließ
und mein Herz sticht in See mit den Schwärmen

Zeitvernichtung am Neumarkt Sarkopharg des Verbrauchs
schneiseschlagender Frohsinn der Einkaufspassagen
scharfer Schweißgeruch der tags aus Schauhäusern dringt
von den Dingen die uns überwuchern
Passformtaillen Emailleschenkel Ärschchen hüpf
Kategorischer Pimperativ Beachvolleyball
Fleisch und Spiele ein Penner ruft immerzu Scheiße
eine tote Libelle müdes Licht
über Freitreppen ziehen die Skater Kreise
drüben am alten Dom in der Rüstung aus Gicht

Credo Cologne III

Der Moment an einem grauen Sonntag Januar
als wie von Geisterhand bestellt
Möwen vor meinem Fenster überm Hinterhof sich sammeln
und in kühnen Formationen den Anflug üben
auf was weiß ich den First den Schornstein über mir

Die gedrungenen im Eifer des Flugs nach vorn gereckten Hälse
mit den Stecknadelkopfaugen und dem lässigen Flügelschlag
dies unbändig wirbelnde Weiß
während Raben als vereinzelte Eckensteher
misstrauisch auf den Giebeln wachen

Sind's Schutzengel die dem Spieltrieb folgend über Dächer toben
auszuspannen von den Anstrengungen der Rettung
Wassersegler die auf Landtour Pirouetten drehen
und auf Nimmerwiedersehen verschwinden
hin zum Fluss zum Meer

Die große Tanne die das aufgeschüttete Feuerholz wie einen
Kegelfuß trägt
schweigt
Der Häuserriegel der den Hof säumt
schweigt
Die Wellblech und Teerpappe zu einem kubischen U fügenden
Dächer der Garagen
schweigen
Der marinierte Himmel
schweigt
Der Kirchturm mit dem Zifferblatt
...

Der Schwarm ist fort als wär er nie gewesen
jetzt schlägt die Glocke wie sie immer schlägt
es sei denn nachts

Ich glaub an den Moment
an was soll ich sonst glauben
Ich glaube dass er unverhofft
mit weißem Flügelschlag und unverdientem Glück
die heimsucht die ihn nicht erwarten

JOSCHA ZMARZLIK

Der Freiburger studierte Geschichte, Germanistik und Gesang in Freiburg, Berlin und Dresden. Danach lebte er als Deutschlehrer und Sänger in Genua, Berlin, Köln und Alsheim bei Worms, wo er seit 2013 mit seiner Familie wohnt. Seit 2022 ist er Regieassistent am Theater Freiburg. Veröffentlichungen bisher in der Anthologie der Textwerkstatt Darmstadt »Steinbruch« (2013), den Literaturzeitschriften »Federwelt« (2013) und »Last Exit Poetry« (2017) sowie in der Anthologie der Schreibwerkstatt der Ponto-Stiftung »federlesen« (2014). Unter dem Titel »Liedpoesie. Chansons für Streuner und Träumer« widmet sich Joscha Zmarzlik auch dem Liedermachen und war damit Finalist beim Liederfest Hoyschrecke in Hoyerswerda und dem Festival des Deutschlandfunks Paris-Köln-Breslau. Seine Debüt-CD erschien 2024 bei »Fluxx Records« (München). www.joschazmarzlik.de

BISLANG ERSCHIENEN IN DER BUCHREIHE »POESIE-QUADRIGA«:

Poesie-Quadriga N° 1: Brigitte Tobler, Ana Lang, Elmar Schenkel, Peter Weingartner

Poesie-Quadriga N° 2: Jacqueline Crevoisier, Verena Lang, Elsbeth Maag, Anton Schlösser

Poesie-Quadriga N° 3: Margrit Brunner, Irena Habalik, Ruth Werfel, Eva Christina Zeller

Poesie-Quadriga N° 4: Peter Engel, Doris Gautschi, Sylvia Geist, Peter Salomon

Poesie-Quadriga N° 5: Eva-Maria Berg, Ingeborg Kaiser, Stefanie Kemper, Monika Taubitz

Poesie-Quadriga N° 6: Marianne Nauber, Anja Sohr, Thomas Weiß, Eva-Christina Zeller

Poesie-Quadriga N° 7: Herbert Eigner-Kobenz, Markus Manfred Jung, Mara Kempter, Jean-Christophe Meyer

Poesie-Quadriga N° 8: Christine Fischer, Elsbeth Maag, Nathalie Schmid, Brigitte Schmid-Gugler

Poesie-Quadriga N° 9: Ana Lang, Andreas Andrej Peters, Liesa Trefzer-Blum, Mona Ullrich